极夜之城的
寂寞童话

Stars in the Gutter

安吉 著

By Yanqi (Angela) Zhu

加拿大国际出版社

Canada International Press

书名：极夜之城的寂寞童话

作者：安吉

出版：加拿大国际出版社 www.intlpressca.com

国际书号 ISBN 978-1-989763-88-9

9 781989 763889

电子书 ISBN 978-1-989763-89-6

Book Name: Stars in the Gutter

Written by: Yanqi (Angela) Zhu

Published by: Canada International Press

ISBN 978-1-989763-88-9

EBOOK ISBN 978-1-989763-89-6

本书及作者简介

朱颜颀（Yanqi（Angela）Zhu），笔名安吉，初中就读于上海外国语大学第一实验学校，随父母移居加拿大后，高中就读于蒙特利尔某私立女子中学。从小热爱电影、文学和写作，阅读广泛，涉猎中英法各类书籍，尤其爱好写诗。自7年级开始创作第一首古诗以来，迄今一共创作了9首中文古诗，13首中文现代诗和1首法语叙事长诗。2020年的暑假因为疫情回不了国，利用这段宝贵的闲暇时光将自己创作的部分中文诗歌翻译成了英文版，希望能够籍此架起诗歌爱好者的桥梁。中学时代的作者敏感不自信，对未来的迷茫和困惑占据了心房，沉溺诗歌创作以暂时"逃避现实"，后又因为移居加拿大不得不跟心灵相通的朋友们分开，依依不舍也只能籍诗相诉。所以题材部分出于梦境和天马行空，部分则来源于作者的现实生活。其中《星火，萤火》,《秋思赋》,《呈故友秋去》,《蝶恋花》,《早春小令》已发表于 2019. 11 的《学习方法报》之《语文新势力》(初中版)报纸。

诗词点评

　　《秋思赋》中的乡愁，《呈故友秋去》中的友情，《蝶恋花》中的漂泊，《早春小令》中的愁情，作者用敏锐的视角将自己的经历与内心的感受用多种古典文学的样式表达，从赋到诗到词再到曲，通过体验仿古文学创作，作者完成了文学样式输入与情感输出的过程。

上海外国语大学第一实验学校教师　宋晴晴

目　录

呈故友秋去

银杏叶落红枫飞，

三百里秋同相随。

秋去冬来轮回散，

期时与君共碰杯！

To my friend who leaves in autumn

Yellow leaves fall, red leaves fly,

Splendid landscapes are always nearby.

The autumn gone, and the winter comes,

When would we meet again and cheer up?

早春游园

梅林一曲径，

两颊间柏林。

芳语鸟幽静，

繁花尽地新。

The garden in early spring

A winding trod, among plum trees,

Flanked by cypresses standing

in between.

Fragrance tells, birds in tranquility,

And fresh flowers bloom with gentility.

秋思赋

玉笛声声谁家来？

桌边酒，待君开。

高阁昨夜暗香来，

桂花满枝鸟雀安。

秋风满城寄乡愁，

明月星空清可瞻。

冬风过，百花寒，

群芳凋败红梅欢。

取其置于孤书案，

惜君不归赏花谈！

Ode to the Sentimental Autumn

(Qiu Si fu)

Where does this melody of jade flute come

from?

Bottles of wine by the table, waiting for

you to come.

A mysterious fragrance visited my study

last night,

And birds resting in the blooming

osmanthus trees all nice.

The west wind sends all misses to our

hometown,

The bright moon, the star sky, so clear to

sight.

The north wind roaring by, the flowers

feel frigid inside,

Only the red plum blossoms standing out

of all the withered ones.

I placed one alone on the side of your desk,

feeling pity

That you ain't back and having

a good time!

蝶恋花

楼台临风雁归去，

何惜何惜，

候鸟终为离。

无醉填词伏玉案，

满心憔悴独炼经。

乱世真情无处觅，

何泣何泣，

友人漂泊意。

君入吾心却将去，

天涯相聚终可期。

Die Lian Hua (Butterflies in Love with Flowers)

The terrace furled by the gust,

The wild geese fly back.

How pity, how pity,

That migratory birds leave in the end.

Not drunk, but writing poems

While leaning on the jade desk,

Full of apprehension,

Again and again

Improving my works alone.

There' s no sincerity to be found

in troubled times,

Why cry, why cry,

Friends leading a wandering life.

Thou in my heart, but will be gone.

We'd meet one day, no matter how.

菩萨蛮

人间大有怀古作，

只惜笔墨不当留。

金粉南朝碎，

靡靡之音在。

大唐终为毁，

千古留文叹。

空灵尺八谓，

却作风雨散。

Pu Sa Man(A Barbarian Like a Bodhisattva)

There once have been great nostalgic

works in this world,

But what a pity that writings weren't

saved for worth.

Gilded Southern Dynasty had collapsed,

shattered,

While its decadent music still left, clattered.

The Tang Empire eventually became

remnants,

While masterpieces sighing, thousands of

years behind.

The melody from a shakuhachi vacantly

tells,

Then gone with wind and rain into the

unknown.

早春小令

正是鸟语花香季，

垂柳新，笑颜启。

千家万户充喜气，

春已来，莫悲泣。

独对窗景思情愁，

友人俱喜，

吾愁难平。

愁未尽，

但迷离。

噫！难尽难尽！

Early Spring

'Tis the season of birds singing and

blossoms flourishing,

the willows are new and beaming.

Thousands of families are filled with joy,

saying spring is here, no weeping.

Facing the window alone,

struggling with sadness,

my friends all cheerful,

while my sorrow is hard to settle.

And that feeling lasts and blurs. Alas! Hard

to end! Hard to end!

天净沙：归路

青藤蔓绕生花，

秋叶落地成沙，

目尽山涧落崖。

中秋雨下，

远眺一方孤霞。

Tian Jing Sha (Sunny Sand): Way home

The ivy vine curls the blooms around,

Autumn leaves sand over the ground,

Mountain streams and cliffs fulfill

my eyes.

Through the sheets of mid-autumn rain,

Overlooking the lonely sunset glowing

down the lane.

疯狂之城

街上的行人

张大着嘴巴

停顿的时间附近

是永久的喧哗

楼顶的女巫

苍白的面颊

血红的眼睛

和紧咬的牙

有一种毒蔓

在渐渐长大

麻木的城中人

听从他的管辖

被扼住了喉咙

也要努力挣扎

即便失去了意志

也要抵抗敌人的爪牙

创世神托起尖刀

跳进命运的深涯

她的鲜血长流

染红了洁白的花

天上的少年飞下

接住血色的白花

无尽的悲伤

在他心里

渐渐发芽

疯狂的城市

罪恶的萌芽

少年的抗争

哪怕困难

像喜马拉雅

冲撞，释放，狂荡

漫天白羽纷纷扬扬

粉身碎骨的一刻

他抱紧胸前的花

跟随末日的步伐

绽放最后的优雅

没有人记得少年的伟大

只是后来有人说

他化为尘羽的那一刻

抱着一朵

血色白花

The Crazy City

The pedestrians on the street,

Mouths opening like beasts.

Near the time paused,

Is the eternal uproar.

The witch standing on top,

Pale face covered by raindrops,

With cold bloody eyes

And the anger that floods.

A poison ivy,

Growing slowly,

Driving dizzy,

Citizens of this crazy city.

Even someone chokes you,

Please struggle for the truth.

Even you've lost your mind,

Fighting is not confined.

The goddess daggers her foe,

Falling into the unknown.

Her blood that flows,

Coloring the glowing snow.

The angel falling from the sky,

For that flower in reddish white.

The painful sadness,

Rooting,

Into his deep mind.

The crazy city,

A cradle of sins.

The angel's revolt,

Despite the difficulties,

That build the Himalayas.

Clashing, releasing, wilding,

All white feathers dancing in the rain.

He clung to the bloody white,

Following the pace of the end,

Flourishing, and fading out of sight.

No one remembers his glory,

Only hears some stories:

He faded away,

With a bloody white flower,

In front of his heart.

星火，萤火

星，

天上的神祇，

命运的火炬，

永恒的哲理。

星，

照耀着苍穹，

照耀着尘世，

照耀着你。

在这闪亮的星河中，

星光倒映于你的眼。

你的身影，

倒映在星河里。

在这沉闷的星群中，

你不明所以，

你是谁，

你在哪里。

你是星火。

萤，

地上的精灵，

午夜的仙女，

不灭的灯芯。

萤，

照耀着平凡，

照耀着山川，

照耀着海岸。

在点点荧光中，

我的眼睛，

在黑暗深处，

闪着璀璨的光。

在凄冷的大地上，

我孤独沉寂。

我是谁，

我在哪里。

我是萤火。

寂寞，黑暗的夜里，

出现一点微光，

两点……

一颗，两颗……

已分不清天地，

星火，萤火，

照耀着你我。

心甘情愿，

我与你，

熔为，

人间之火。

影

在我的眼前，

掠过一条黑影，

它直奔悬崖而去，

却又投入长空万里。

展开双翼，

睁开火眼，

沿虎跳峡逆流而上，

游荡在青藏高原。

年轻的生命，

是多么狂妄。

可燃烧着的烈火，

却终有熄灭的一天。

它趴在山崖上，

混浊的双眼望着尘世。

如果能让自己的生命

再次重燃，

它愿付出一切。

坚硬的脚爪，

蓬松的羽毛，

被滴血的喙，

在痛苦中清除。

它努力喘息着，

拖着奄奄一息的身体，

闭上了苍老的眼，

等待奇迹的出现。

几天后我又看到了

那条黑影。

从我身前呼啸而过，

投入群山万重。

犀利的火眼，

锋利的脚爪。

乌黑的羽毛，

在阳光下闪亮。

高傲的身姿，

孤傲地歌唱，

划破草原之上的

璀璨星空。

它与我告别，

带着雄心，

跨越无边海岸，

又击入那

洁白的云天。

为你鼓掌

我是一片叶子

有着小小的梦想

我要在风雨中成长

关注人们平凡中的坚强

欢呼着为他们鼓掌

又一个秋天

金色的世界

我从树上落下

像小小的降落伞

触到他手心的温暖

原本阴沉的脸

看到我后

变得温暖灿烂

不要怕什么困难

你我一起共渡难关

内心不要害怕

展现你的力量吧

你可曾听见在你兜里

有一片叶子

鼓动着叶脉

为你喝彩

平凡不是稀奇的花

平凡的终点是伟大

有一片叶子

和你一起

在人生的路上歌唱

并为你鼓掌

Applauding for you

I am a little leaf

With a small dream.

I will grow in the storm,

Watching people's strength

extraordinary,

Cheering, and applauding.

Still in autumn,

Another gilded world.

I fall from the tree,

Like a little parachute,

Touching the warm of his palm.

His gloomy face,

After seeing me,

Becomes warm and bright.

Whatever the difficulties,

Together, we will get through.

Do not be afraid,

Show your power and faith.

Don't you once hear

A leaf in your pocket,

Agitating his veins,

Applauding for you?

Ordinary is not rare,

While the end of it is great.

Remember, there's always a leaf,

Side by side,

Singing with you on the road,

Applauding for you.

春节小令

千家万户添喜气，

福字新，对联启。

醉时却把余年数，

不忘旧年勿忘今。

The New Year

Happiness visits thousands of families,

People exchange their blessings.

They are drunk

But still counting the years left,

Saying, "Do not forget old days,

And never lose today!"

蝶恋花

老松枝中无飞燕。

过往云烟，

行处皆入眼。

寒酥唱晚尽飞尘，

白鸦纷纷如故人。

红门情世迎松醉。

远山飞鸿，

过处迎风斜。

白玉空酌权对文，

沉云压雪念浮生。

Butterflies in Love with Flowers (Die Lian Hua) 2

No swallow appears in the old pine
branches.
A relic of the past, all in my eyes.
Swirling snowflakes sing the midnight
away,
The fluttering white ravens are like old
folks today.
The red gate gets drunk, facing the pines.
Swans from the distant mountains,
slanting in the zephyr.
People reach for the throne,
but ending up by drinking alone,
Watching the heavy clouds bearing down
on the snow, thinking about none.

极夜之城的寂寞童话

Ch 0:

极夜之城的寂寞童话

他缓缓转身

最后看了一眼废墟中的家

走向寂寞凄冷的极夜之城

前方等待着的

只有悲伤的断壁残垣

和阴沟之上的璀璨星空。

Ch 1:

盒子

"有时候封闭自己，

何尝不是一件好事"

他心里的那个孩子说

他摇摇头，往身后看去

无数双眼睛盯着他

心脏好难受

好压抑

要窒息了

算了

还是盒子里舒服。

Ch 2:

"家"

我不太想回家

不是因为爸妈

而是家会时刻提醒我

我多么无能

才会只有

这一个地方可去。

Ch 3:

错误

别自作多情了

根本没人喜欢你。

Ch 4:
公元 2688

在这个庄园里，

没有人

能够独善其身。

庄园主人提供

奇异首饰，

让你渐渐忘记

你是谁

你从哪里来

你为什么在这里。

高层之人陷入疯魔

底层老鼠自食其果。

朦胧的雾气遮掩方向

庄园的客人陷入迷茫。

虚拟的美好世界

未来的万丈光芒

吸引着

在现实的阴沟中

挣扎的人类心房。

Ch 5:
Escape

我注定要挣扎

注定要四海为家

我注定要漂泊

注定要放下

我注定要逃离

这令人窒息的城市

人活着的念想

无非就是为了

这一点

微弱的光。

Ch 6:
献给黑夜

黑夜划过

抚慰着我的心

我愿与你融为一体

待水火交融

万箭穿心

黑夜给予我翅膀

扭曲的

残缺的翅膀

却是我渴求的力量

助我逃离孤独

在混沌中翱翔

听着天使的歌唱

带我堕入地狱

再向天堂。

Ch 7:
You

你身披晨曦

向我缓缓走来

微笑着

又缓缓离去

我紧紧跟着你

从黄昏

走到了天明

你喃喃自语

问我为什么离去

我看见

少年写下的诗句

散落风中

漂泊世间

伸手去接

却只有

带着光芒的碎片

我虽身不由己

却从未忘记

那年初见的惊鸿一瞥

那年许下三生的誓言

那年夏天的山水

那年辽阔的群星

那最后

匆匆一别

那后来

没有流下的眼泪

你留在了海的尽头

在天边

微笑着

和我说再见

泪水湿了枕巾

我不愿再醒来

我想回到过去

或现在

或未来

拥抱你。

我很想你。

Ch 8:

东京，与你的鬼魂

我无法看见你

却能感受到

你在我身边

感受到

你无助的眼

感受到

你流泪的心田

东京的鬼魂啊

告诉我

你为何还留在人间？

我并不留恋于人间

我久久徘徊于

涩谷拥挤的街道

高楼遮蔽的天空

夜晚清爽的小巷

我只想找到那个人

那个人

和他说再见

东京的鬼魂啊

不要拘泥于执念

那个人

也不再久久徘徊

他已然向前

沐浴在艳阳下

消失不见

和另一个

同样迷茫的灵魂

看城市无垠的星夜

东京的鬼魂

属于他的鬼魂啊

愿有一天

在消散之时

他能听见你的声音

你的泪化作清雨

你的眼眸化作天

你的魂魄化作

原来那个微笑的少年

你会化作整个人间

在梦魂都市的霓虹里

与他说再见

所以放下吧

绽放于东京的星空下吧

点点微光散落

你将会是

他一生中

见过的最绚烂

璀璨的火花

Le Mouchoir
Triangulaire

Je peux vous le dire:

Cette histoire est un peu triste.

Un garçon pauvre, une fille riche.

Et tout a lieu dans la capitale de la Chine.

Les caméras sont allumées, et prêtes,

Alors on commence cette histoire en paix.

Il était une fois,

Oui, elle commence avec ça.

Un garçon pauvre avait reçu,

Pas un billet pour le Bal,

Mais un travail comme serveur.

Pourquoi? Parce qu'il n'avait rien.

Mais aucune crainte pour son destin.

"Les billets sont pour les riches,

Mais c'est pas grave, je veux juste

Une chance de satisfaire mon envie. "

Le garçon et la fille,

Tous les deux étudiants,

De cette université connue.

La fontaine somptueuse, les salles dorées,

Les lustres en cristal, les sculptures ouvrées,

Les immeubles anciens qui propageaient

Une ambiance royale.

Notre protagoniste alla au Bal

En costume de serveur.

Son meilleur ami, pauvre aussi,

Avait obtenu la même chance.

Ils jetèrent un coup d'oeil aux environs,

Avec curiosité,

Et ils entendirent

Les conversations étouffantes:

Les femmes et les hommes,

En robes et en tuxedos de nuit.

Ils éclataient de rire,

S'admiraient

Pour les tonnes d'argent

Et les milliers de vêtements qu'ils avaient:

"J'ai un diamant chez moi que j'ai acheté en

Afrique, il est aussi gros qu'une tête!"

"Je possède tous les magasins de Coco

Chanel à Pékin ici, et si j'en ai envie, ils

emballeront tous les nouveaux vêtements

pour moi."

"Mon père est le patron de Pledis, et il veut

que j'épouse le fils de son concurrent! Oh

Mon Dieu, il est si beau!"

Dans cette salle bruyante, pleine d'odeurs

De cigarettes et de parfums,

Il la vit.

Parmi les arrogants,

Elle était une étoile éclatante.

Elle sourit, comme une rose qui fleurit,

En sa robe de nuit,

De la couleur blanche, pure,

Et ornée de petites perles brillantes.

Elle était un ange,

Qui avait les larmes sur ses ailes,

Et qui ressemblait à une fée de la nuit.

Dans la lumière des lustres,

Les yeux se croisèrent.

Attirés, l'un par l'autre,

Les destins furent parallèles.

Il était un garçon pauvre,

Elle était une fille riche.

Mais pour elle, il était charmant.

Il était beau.

Il était intelligent.

Il obtenait 100 dans les tests,

Il gagnait sa vie lui-même.

Elle était riche, c'était un fait.

Elle voulait la liberté, c'était vrai.

Les tonnes d'argent,

Comme une grande colline,

La faisaient suffoquer.

La corruption,

De la société en haut,

Formait des chaînes sanglantes.

Du sang des pauvres,

Alimentait les riches et les arrogants.

Ils parlèrent, passaient des heures,

Et des heures.

Sans le savoir,

Quelqu'un coupa la parole,

En heurtant l'épaule du garçon.

Le champagne sur le plateau,

Tomba avec élégance.

Le vin quitta le verre,

Pulvérisa sa robe.

Le garçon paniquait,

Disant des millions de "Désolé".

Il essayait de la nettoyer,

Mais encore des taches sur la neige.

Les yeux attirés,

Des réactions mitigées.

Les gens murmurèrent

Critiques et mépris.

La fille sourit,

Lui donna un mouchoir.

"C'est pas grave, je vais me changer vite."

Une fée quitta,

Les autres firent la tête.

Le garçon agrippa le mouchoir,

Leva sa tête vers l'horloge du mur.

"OH MON DIEU, C'est déjà minuit!"

Cria-t-il,

"Je dois rentrer à la maison pour soigner ma

mère malade!".

Empressé, il écrivit les phrases à dire

Sur le mouchoir de la fille.

Donna les lettres précieuses à son ami,

Et quitta comme le vent de la nuit.

En courant, deux silhouettes apparurent.

Elles s'arrêtèrent devant le garçon confus.

Il y avait deux hommes, tous les deux très

beaux.

Un des deux parla presque incognito:

"Je t'avertis, laisse Kelly tranquille.

Tu es notre frère pauvre,

Mais nous sommes riches."

Ah, ils étaient les deux frères riches,

De ce garçon pauvre.

Ils avaient "le même père".

Tout à fait,

La mère du garçon avait été abandonnée,

Par son père, qui avait épousé

La mère de ses deux demi-frères.

Le garçon refusa,

Il aimait cette fille-là.

Ray et Camil,

Les deux demi-frères du garçon,

Étaient en colère.

Ils le heurtèrent, le frappèrent,

Mais le garçon n'en avait point faire.

Sa belle-mère apparut.

Elle le regarda avec mépris.

Cette femme était

La CEO de FURE.

Ses perles et son beau visage

Établissaient une fière arrogance.

Elle dit:" Ne rentre pas, Jing, jamais.

Tu ne nous conviens pas."

Le garçon ne dit rien.

Il montra

Ses jambes comme des poids.

Il s'éloigna.

La fille était revenue.

Mais le garçon avait disparu.

Son ami lui donna le mouchoir triangulaire,

Avec les lettres naturelles:

"Je vous aime", disaient-elles,

Mais pas de nom à son amour fidèle.

"Quel est son nom?", demanda-t-elle.

"Il est Jing" dit son ami.

"Il me connaît?" demanda-t-elle.

"Bien sûr, tout le monde vous aime,

Mademoiselle Kelly."

Oui, c'était un fait,

1000 hommes m'aimaient.

Mais je savais que,

C'était lui que j'allais chercher.

Tout le monde à l'université,

Sut que Kelly allait épouser Ray.

Car son père (de Kelly) l(Ray)'aimait.

Mais les gens surent aussi qu',

Elle était sur un autre trajet.

Mais tout le monde dit:

Jing avait disparu.

Elle ne pouvait pas le trouver.

Dans deux mois, elle épouserait

Le frère de Jing, Ray.

"Où es-tu?

Je ne sais pas!"

Kelly criait.

"Je t'aime aussi!

Mais où es-tu?"

Le mouchoir triangulaire,

Était rempli des larmes de l'ange.

Jing était chez lui,

Un sous-sol pas fini.

Sa mère malade

Reposait sur un lit sale.

"Ding, ding, ding",

Le téléphone de son ami.

Il lui dit:

Kelly voulait le trouver.

"Je peux faire quoi?" cria-t-il,

Je suis un garçon pauvre,

Elle est une fille riche.

On ne sera jamais ensemble."

Sa mère avait entendu cela,

Elle l'encouragea:

"L'amour peut tout traverser,

Rien ne peut vous arrêter

Elle et toi."

Le mariage était grand.

Les parents souriant,

Les rubans volant.

Kelly était déprimée,

Ray était content.

Toutes les émotions

S'Arrêtèrent devant la porte s'ouvrant.

Jing apparut,

Comme un prince d'un palais.

Ses amis le suivaient,

Prenant les roses rouges

Et Pékin tremblait.

Ils s'embrassèrent,

Ils pleurèrent.

Ils trouveraient,

Leur propre liberté.

Main dans la main,

Ils fuirent

Ce monde embourbé de marais.

Je vous l'ai déjà dit,

Cette histoire est un peu triste.

Jing et Kelly

Ils se sont séparés.

Ils ont des familles différentes,

Ils ont d'autres statuts.

Il était une fois,

Un garçon pauvre,

Et une fille riche.

Mais à la fin,

Jing trouva une fille pauvre,

Kelly épousa un garçon riche.

Ce monde à l'envers,

Est-ce en fait vrai?

C'est la réalité.

La vie,

Elle n'est pas un conte de fée.

Le mouchoir triangulaire,

S'est désintégré avec les poussières.

Y a-t-il une utopie,

Où il n'y a ni pauvres ni riches,

Juste une belle vie,

Avec des histoires jolies?

附录：发表作品的《语文新势力》
影印件

www.ingramcontent.com/pod-product-compliance
Lightning Source LLC
Chambersburg PA
CBHW011217120626
46545CB00008B/3036